Blackrock

Une Brève Histoire et les Controverses de la Plus Grande Société de Gestion d'Actifs au Monde et de ses Fondateurs ;Larry Fink, Robert S. Kapito & Susan Lynne Wagner

Clause de non-responsabilité

1

Introduction

BlackRock, Inc. est une société d'investissement multinationale américaine basée à New York. Fondée en 1988, initialement en tant que gestionnaire d'actifs institutionnels de gestion du risque et de titres à revenu fixe, BlackRock est le plus grand gestionnaire d'actifs au monde, avec 10 000 milliards de dollars d'actifs sous gestion en janvier 2022. BlackRock opère à l'échelle mondiale avec 70 bureaux dans 30 pays et des clients dans 100 pays. Avec Vanguard et State Street, BlackRock est considéré comme l'un des trois grands gestionnaires de fonds indiciels qui dominent l'Amérique.

BlackRock a cherché à se positionner en tant que leader du secteur dans le domaine environnemental, social et de la gouvernance d'entreprise (ESG). La société a été critiquée pour l'aggravation du changement climatique, ses liens étroits avec la Réserve fédérale pendant la pandémie de grippe aviaire, son comportement anticoncurrentiel et ses investissements sans précédent en Chine.

Table des matières

Histoire de Blackrock

1988-1999

BlackRock a été fondée en 1988 par Larry Fink, Robert S. Kapito, Susan Wagner, Barbara Novick, Ben Golub, Hugh Frater, Ralph Schlosstein et Keith Anderson pour offrir aux clients institutionnels des services de gestion d'actifs dans une perspective de gestion des risques. Fink, Kapito, Golub et Novick ont travaillé ensemble chez First Boston, où Fink et son équipe ont été les pionniers du marché des titres adossés à des créances hypothécaires aux États-Unis. Pendant son mandat, Fink avait perdu 90 millions de dollars à la tête de First Boston. Cette expérience l'a incité à développer ce que lui et son équipe considéraient comme d'excellentes pratiques en matière de gestion des risques et de gestion fiduciaire. Au départ, M. Fink a cherché à obtenir un financement (pour le capital d'exploitation initial) auprès de Pete Peterson du Blackstone Group, qui croyait en la vision de M. Fink d'une société consacrée à la gestion des risques. Peterson l'a appelée Blackstone Financial Management. En échange d'une participation de 50 % dans l'activité obligataire, Blackstone a accordé à Fink et à son équipe une ligne de

5

crédit de 5 millions de dollars. En quelques mois, l'activité est devenue rentable et, en 1989, les actifs du groupe avaient quadruplé pour atteindre 2,7 milliards de dollars. Le pourcentage de la participation détenue par Blackstone est également tombé à 40 %, par rapport à l'équipe de Fink.

En 1992, Blackstone détenait une participation équivalant à environ 35 % de la société, et Stephen A. Schwarzman et Fink envisageaient de vendre des actions au public. La société adopte le nom de BlackRock et gère 17 milliards de dollars d'actifs à la fin de l'année. À la fin de l'année 1994, BlackRock gérait 53 milliards de dollars. En 1994, Schwarzman et Fink ont un différend interne sur les méthodes de rémunération et les fonds propres. Fink souhaitait partager le capital avec les nouvelles recrues, afin d'attirer les talents des banques, contrairement à Schwarzman, qui ne voulait pas réduire davantage la participation de Blackstone. Les deux hommes se sont mis d'accord pour se séparer et Schwarzman a vendu BlackRock, une décision qu'il a qualifiée plus tard d'"erreur héroïque". En juin 1994, Blackstone a vendu à PNC Bank Corp. une unité de titres hypothécaires représentant 23 milliards de dollars d'actifs pour 240 millions de dollars.

6

L'unité avait négocié des hypothèques et d'autres actifs à revenu fixe et, au cours du processus de vente, elle a changé de nom, passant de Blackstone Financial Management à BlackRock Financial Management. Schwarzman est resté chez Blackstone, tandis que Fink est devenu président-directeur général de BlackRock Inc.

Blackrock 1999-2009

BlackRock est entrée en bourse en 1999, à 14 dollars l'action, sur le New York Stock Exchange. À la fin de 1999, BlackRock gérait 165 milliards de dollars d'actifs. BlackRock a connu une croissance à la fois organique et par acquisition. En août 2004, BlackRock a réalisé sa première grande acquisition en rachetant à MetLife la société holding SSRM Holdings, Inc. de State Street Research & Management pour 325 millions de dollars en espèces et 50 millions de dollars en actions. Cette acquisition a fait passer les actifs gérés par BlackRock de 314 à 325 milliards de dollars. L'opération a inclus l'activité de fonds communs de placement State Street Research & Management en 2005. BlackRock a fusionné avec Merrill Lynch Investment Managers (MLIM) en 2006, réduisant de moitié la participation de PNC et donnant à Merrill Lynch

7

une participation de 49,5 % dans la société. En octobre 2007, BlackRock a acquis les activités de fonds de fonds de Quellos Capital Management.

Le gouvernement américain a passé un contrat avec BlackRock pour l'aider à résoudre les conséquences de l'effondrement financier de 2008. Selon *Vanity Fair*, l'establishment financier à Washington et à Wall Street pensait que BlackRock était le meilleur choix pour ce travail. La Réserve fédérale a autorisé BlackRock à superviser le règlement de la dette de 130 milliards de dollars de Bear Stearns et d'American International Group.

En 2009, BlackRock est devenu le premier gestionnaire d'actifs au monde. En avril 2009, BlackRock a acquis R3 Capital Management, LLC et a pris le contrôle du fonds de 1,5 milliard de dollars. Le 12 juin 2009, Barclays a vendu son unité Global Investors (BGI), qui comprenait son activité de fonds négociés en bourse, iShares, à BlackRock pour un montant de 13,5 milliards de dollars. Cette opération a permis à Barclays d'acquérir une participation de près de 20 % dans BlackRock.

Blackrock 2010-2019

8

En 2010, Ralph Schlosstein, PDG d'Evercore Partners et fondateur de BlackRock, a qualifié BlackRock d'"institution financière la plus influente au monde". Le 1er avril 2011, suite à l'acquisition de Genzyme par Sanofi, BlackRock l'a remplacé dans l'indice S&P 500.

En 2013, *Fortune a* inscrit BlackRock sur sa liste annuelle des 50 entreprises les plus admirées au monde. En 2014, *The Economist* a déclaré que les 4 000 milliards de dollars gérés par BlackRock en faisaient le "plus grand gestionnaire d'actifs du monde", et qu'ils étaient plus importants que la plus grande banque du monde, la Banque industrielle et commerciale de Chine, avec 3 000 milliards de dollars. En mai de la même année, BlackRock a investi dans Snapdeal.

En décembre 2014, un directeur général de BlackRock à Londres a été banni par l'autorité britannique de conduite financière (Financial Conduct Authority) pour avoir échoué au test "d'aptitude et de compétence", parce qu'il avait payé 43 000 livres sterling pour éviter des poursuites judiciaires pour avoir évité de payer des billets de train. En réponse à cet incident, BlackRock a déclaré : "Jonathan Burrows a quitté BlackRock au début de l'année. Ce qu'il a

9

admis à la FCA est totalement contraire à nos valeurs et à nos principes".

Fin 2014, le Sovereign Wealth Fund Institute a indiqué que 65 % des actifs gérés par Blackrock étaient constitués d'investisseurs institutionnels.

Au 30 juin 2015, BlackRock gérait 4 721 milliards de dollars d'actifs. Le 26 août 2015, BlackRock a conclu un accord définitif en vue d'acquérir FutureAdvisor, un fournisseur de services de gestion de patrimoine numérique dont les actifs sous gestion s'élèvent à 600 millions de dollars. Dans le cadre de cet accord, FutureAdvisor fonctionnerait comme une activité au sein de BlackRock Solutions (BRS). En novembre 2015, BlackRock a annoncé la liquidation du fonds spéculatif BlackRock Global Ascent à la suite de pertes. Le fonds Global Ascent était le seul fonds dédié à la macroéconomie mondiale, BlackRock étant "plus connu pour ses fonds communs de placement et ses fonds négociés en bourse". À l'époque, BlackRock gérait 51 milliards de dollars de fonds spéculatifs, dont 20 milliards de dollars de fonds de fonds spéculatifs.

En mars 2017, le *Financial Times* a annoncé que BlackRock, après un examen de six mois mené par Mark Wiseman, avait lancé une restructuration de son activité de fonds gérés activement de 8 milliards de dollars, entraînant le départ de sept gestionnaires de portefeuille et une charge de 25 millions de dollars au deuxième trimestre, en remplaçant certains fonds par des stratégies d'investissement quantitatives. En mai 2017, BlackRock a augmenté sa participation dans CRH plc et Bank of Ireland. En avril 2017, les activités iShares représentaient 1,41 milliard de dollars, soit 26 % du total des actifs sous gestion de BlackRock, et 37 % des revenus de commissions de base de BlackRock. En avril 2017, BlackRock a soutenu l'inclusion des actions de la Chine continentale dans l'indice mondial MSCI pour la première fois.

Entre octobre et décembre 2018, les actifs de BlackRock ont chuté de 468 milliards de dollars et sont passés sous la barre des 6 milliards de dollars. Il s'agit de la plus forte baisse entre deux trimestres depuis septembre 2011.

En 2019, BlackRock détient 4,81 % de Deutsche Bank, ce qui en fait l'actionnaire le plus important. Cet investissement remonte au moins à 2016.

En mai 2019, BlackRock a été critiqué pour l'impact environnemental de ses participations. Elle est comptée parmi les trois premiers actionnaires de toutes les "supermajors" du pétrole, à l'exception de Total, et elle figure parmi les 10 premiers actionnaires de 7 des 10 plus grands producteurs de charbon.

Blackrock depuis 2020

Dans sa lettre ouverte annuelle de 2020, M. Fink a annoncé que la durabilité environnementale était un objectif central pour les futures décisions d'investissement de BlackRock. BlackRock a annoncé son intention de vendre pour 500 millions de dollars US d'investissements dans le charbon.

En mars 2020, la Réserve fédérale a choisi BlackRock pour gérer deux programmes d'achat d'obligations d'entreprises en réponse à la pandémie de coronavirus, le Primary Market Corporate Credit Facility (PMCCF) de 500 milliards de dollars et le Secondary Market Corporate

Credit Facility (SMCCF), ainsi que l'achat par le système de la Réserve fédérale de titres adossés à des créances hypothécaires commerciales (CMBS) garantis par la Government National Mortgage Association, la Federal National Mortgage Association ou la Federal Home Loan Mortgage Corporation.

En août 2020, BlackRock a reçu l'approbation de la Commission chinoise de réglementation des valeurs mobilières pour mettre en place une activité de fonds communs de placement dans le pays. BlackRock est ainsi devenu le premier gestionnaire d'actifs mondial à obtenir le consentement du gouvernement chinois pour démarrer ses activités dans le pays.

En janvier 2020, PNC a vendu sa participation dans BlackRock.

En 2021, BlackRock détient 7,50 % de HSBC Holdings plc, ce qui en fait le deuxième actionnaire le plus important après Ping An Insurance.

Le 28 décembre 2022, BlackRock et Volodymyr Zelensky ont annoncé qu'ils étaient en contact depuis plusieurs mois et que BlackRock allait jouer un rôle de premier plan dans la reconstruction de l'Ukraine. L'accord a été critiqué, BlackRock étant accusé de "profiter" de la destruction de l'Ukraine.

Propriété et transparence de Blackrock

BlackRock investit les fonds de ses clients (par exemple, les propriétaires de parts d'ETF iShares) dans de nombreuses sociétés cotées en bourse, dont certaines sont en concurrence les unes avec les autres. En raison de la taille de ses fonds, BlackRock figure souvent parmi les principaux actionnaires de ces sociétés, telles que les sociétés technologiques Apple (BlackRock est répertorié comme détenant 6,34 %) et Microsoft (6,77 %), et les sociétés de services financiers Wells Fargo (4,30 %) et JPMorgan Chase (4,41 %). BlackRock affirme que ces actions sont en fin de compte détenues par les clients de la société, et non par BlackRock elle-même - un point de vue partagé par de nombreux universitaires indépendants - mais reconnaît qu'elle peut exercer des votes d'actionnaires au nom de ces clients, dans de nombreux cas sans l'avis de ces derniers.

Cette concentration de la propriété a néanmoins suscité des inquiétudes quant à un éventuel comportement anticoncurrentiel. Une étude de 2014 intitulée "Anticompetitive Effects of Common Ownership" (Effets anticoncurrentiels de la propriété commune) a analysé les effets de ce type de propriété commune sur les prix des billets d'avion. L'étude a révélé que "les prix augmentent et la quantité diminue lorsque les compagnies aériennes en concurrence sur un itinéraire donné sont plus souvent détenues par le même ensemble d'investisseurs". Les auteurs notent que cette augmentation des prix n'implique pas nécessairement une collusion consciente entre les propriétaires communs, mais pourrait peut-être s'expliquer par le fait que ces entreprises sont désormais "trop paresseuses pour se faire concurrence".

BlackRock est actionnaire de nombreux investisseurs institutionnels qui détiennent des actions de BlackRock. Cette chaîne de propriété est similaire aux structures de propriété circulaires qui ont été identifiées au Royaume-Uni.

Finances de Blackrock

En 2021, BlackRock se classait au 192e rang de la liste *Fortune* 500 des plus grandes entreprises américaines en termes de revenus.

En 2020, l'organisation à but non lucratif American Economic Liberties Project a publié un rapport soulignant le fait que "les trois grandes sociétés de gestion d'actifs - BlackRock, Vanguard et State Street - gèrent plus de 15 000 milliards de dollars d'actifs au niveau mondial, un montant équivalent à plus des trois quarts du produit intérieur brut des États-Unis". Le rapport appelle à des réformes structurelles et à une meilleure réglementation des marchés financiers. En 2021, BlackRock gère plus de 10 000 milliards de dollars d'actifs, soit environ 40 % du PIB des États-Unis (25 347 milliards de dollars en valeur nominale en 2022).

Solutions BlackRock

En 2000, BlackRock a lancé BlackRock Solutions, la division d'analyse et de gestion des risques de BlackRock, Inc. Cette division s'est développée à partir du système Aladdin (système d'investissement d'entreprise), du Green
17

Package (service de reporting des risques), du PAG (analyse de portefeuille) et de l'AnSer (analyse interactive). BlackRock Solutions (BRS) joue deux rôles au sein de BlackRock. Tout d'abord, BlackRock Solutions est le service interne d'analyse des investissements et d'"'ingénierie des processus" de BlackRock, qui travaille avec les équipes de gestion de portefeuille, l'analyse quantitative et des risques, les opérations commerciales et toutes les autres parties de l'entreprise qui ont un lien avec le processus d'investissement. Deuxièmement, BlackRock Solutions (BRS) et les trois divisions principales sont des services offerts aux clients institutionnels. En 2013, la plateforme comptait près de 2 000 employés.

BlackRock se différencie des autres gestionnaires d'actifs en affirmant que sa gestion des risques n'est pas séparée. La gestion des risques est le fondement et la pierre angulaire de l'ensemble de la plateforme de l'entreprise. Aladdin suit 30 000 portefeuilles d'investissement, dont ceux de BlackRock et de ses concurrents, des banques, des fonds de pension et des assureurs. Selon *The Economist*, en décembre 2013, la plateforme surveillait près de 7 % des 225 000 milliards de dollars d'actifs financiers dans le monde.

18

En mai 2009, le département du Trésor américain a chargé BlackRock Solutions de gérer (c'est-à-dire d'analyser, de dénouer et de fixer le prix) les actifs hypothécaires toxiques détenus par Bear Stearns, AIG, Inc, Freddie Mac, Morgan Stanley et d'autres sociétés financières touchées par la crise financière de 2008.

BlackRock

Investissements environnementaux, sociaux et de gouvernance d'entreprise

En 2017, BlackRock a renforcé sa présence dans les domaines de l'investissement durable et de la gouvernance environnementale, sociale et d'entreprise (ESG) en recrutant de nouveaux collaborateurs et de nouveaux produits, tant aux États-Unis qu'en Europe, dans le but de mener l'évolution du secteur financier à cet égard.

BlackRock a commencé à utiliser son poids pour attirer l'attention sur les questions d'environnement et de diversité au moyen de lettres officielles adressées aux PDG et de votes d'actionnaires en collaboration avec des investisseurs activistes ou des réseaux d'investisseurs tels que le Carbon Disclosure Project, qui a soutenu en 2017 une résolution d'actionnaires réussie pour qu'ExxonMobil agisse sur le changement climatique. En 2018, il a demandé aux entreprises du Russell 1000 d'améliorer la diversité des genres au sein de leur conseil d'administration s'il comptait moins de deux femmes.

Après des discussions avec les fabricants et les distributeurs d'armes à feu, le 5 avril 2018, BlackRock a introduit deux nouveaux fonds négociés en bourse (ETF) qui excluent les actions des fabricants et des grands détaillants d'armes à feu, Walmart, Dick's Sporting Goods, Kroger, Sturm Ruger, American Outdoor Brands Corporation et Vista Outdoor, et en supprimant les actions de leurs sept fonds ESG existants "pour offrir plus de choix aux clients qui cherchent à exclure les sociétés d'armes à feu de leurs portefeuilles."

En août 2021, un ancien cadre de BlackRock, qui avait été le premier directeur mondial des investissements durables de la société, a déclaré qu'il pensait que les investissements ESG de la société étaient un "dangereux placebo qui nuit à l'intérêt public". L'ancien cadre a déclaré que les institutions financières sont motivées pour s'engager dans l'investissement ESG parce que les produits ESG ont des frais plus élevés, qui à leur tour augmentent les profits de l'entreprise.

En octobre 2021, le comité éditorial du *Wall Street Journal* a écrit que BlackRock faisait pression sur la Securities and Exchange Commission des États-Unis pour qu'elle adopte des règles obligeant les entreprises privées à divulguer publiquement leur impact sur le climat, la diversité de leurs conseils d'administration et d'autres paramètres. Le comité éditorial a estimé que "les mandats ESG, qui comportent également des risques substantiels de litige et de réputation, inciteront de nombreuses entreprises à fuir les marchés publics. Cela nuirait aux bourses et aux gestionnaires d'actifs, mais surtout aux investisseurs individuels".

En janvier 2022, le fondateur et PDG de BlackRock, Larry Fink, a défendu l'accent mis par la société sur l'investissement E.S.G., s'élevant contre les accusations selon lesquelles le gestionnaire d'actifs utilisait son poids et son influence pour soutenir un programme politiquement correct ou progressiste. M. Fink a déclaré que la pratique de l'E.S.G. "est un état d'esprit". Selon le *New York Times*, l'accent mis par BlackRock sur l'E.S.G. a suscité des critiques qui l'accusent de "s'incliner devant des intérêts anti-business" ou d'être "simplement du marketing". Selon CNBC, certains groupes et législateurs conservateurs ont accusé BlackRock de "jouer la comédie" pour dissimuler les transferts d'argent de la société vers des entreprises chinoises. Dans le même temps, des militants et des

23

groupes écologistes ont attaqué la société pour ne pas
avoir désinvesti des entreprises de combustibles fossiles
et d'autres grands contributeurs au changement
climatique.

Réchauffement climatique

En décembre 2018, BlackRock était le plus grand
investisseur mondial dans les promoteurs de centrales au
charbon, détenant des actions d'une valeur de 11 milliards
de dollars parmi 56 promoteurs de centrales au charbon.
et BlackRock possédait plus de réserves de pétrole, de
gaz et de charbon thermique que tout autre investisseur,
avec des réserves totales s'élevant à 9,5 gigatonnes
d'émissions de CO_2 , soit 30 % des émissions totales liées
à l'énergie en 2017. Des groupes environnementaux, dont
le Sierra Club et Amazon Watch, ont lancé en septembre
2018 une campagne intitulée "BlackRock's Big Problem",
affirmant que BlackRock est le "plus grand moteur de
destruction du climat sur la planète", en partie à cause de
son refus de désinvestir des entreprises de combustibles
fossiles. Le 10 janvier 2020, un groupe d'activistes
climatiques s'est précipité à l'intérieur des bureaux
parisiens de BlackRock France, peignant les murs et les

sols avec des avertissements et des accusations sur la responsabilité de l'entreprise dans les crises climatiques et sociales actuelles.

Le 14 janvier 2020, le PDG de BlackRock, Larry Fink, a déclaré que la durabilité environnementale serait un objectif clé dans les décisions d'investissement. BlackRock a annoncé qu'elle vendrait pour 500 millions de dollars d'actifs liés au charbon et qu'elle créerait des fonds qui éviteraient les actions liées aux combustibles fossiles, deux mesures qui modifieraient radicalement la politique d'investissement de l'entreprise. L'écologiste Bill McKibben a qualifié cette annonce de "victoire énorme, mais en aucun cas définitive, pour les activistes". Néanmoins, le soutien de BlackRock aux résolutions d'actionnaires demandant la divulgation des risques climatiques a chuté de 25 % en 2019 à 14 % en 2020, selon Morningstar Proxy Data.

Règles bancaires de l'UE

Le Médiateur européen a ouvert une enquête en mai 2020 afin d'inspecter le dossier de la Commission sur la décision de la Commission européenne d'attribuer un contrat à

BlackRock Investment Management pour réaliser une étude sur l'intégration des risques et objectifs environnementaux, sociaux et de gouvernance dans les règles bancaires de l'UE ("le cadre prudentiel"). Les membres du Parlement européen ont mis en doute l'impartialité du plus grand gestionnaire d'actifs au monde, compte tenu des investissements qu'il a déjà réalisés dans le secteur.

Virginie occidentale

Riley Moore, trésorier de l'État de Virginie-Occidentale, a déclaré en juin 2022 que BlackRock et cinq autres institutions financières ne seraient plus autorisées à faire des affaires avec l'État de Virginie-Occidentale, en raison de leur plaidoyer contre l'industrie des combustibles fossiles. M. Moore a déclaré : "À une époque où la demande d'énergie monte en flèche et où les consommateurs subissent le poids d'une inflation générationnelle, il est absolument insensé que les institutions financières coupent les capitaux et les financements à ces industries légales et rentables simplement parce qu'elles ne s'alignent pas sur leurs programmes sociaux et politiques radicaux."

Floride

En décembre 2022, le directeur financier de Floride, Jimmy
Patronis, a annoncé que le gouvernement de Floride se
séparerait de 2 milliards de dollars d'investissements gérés
par BlackRock, en raison de la décision de l'entreprise de
renforcer les normes et les politiques ESG. BlackRock a
ensuite réagi à cette annonce en déclarant que ce
désinvestissement ferait passer la politique avant l'intérêt
des investisseurs.

Investissements en Chine

En août 2021, BlackRock a créé son premier fonds commun de placement en Chine après avoir levé plus d'un milliard de dollars auprès de 111 000 investisseurs chinois. BlackRock est devenue la première société étrangère autorisée par le gouvernement chinois à exercer une activité à part entière dans le secteur des fonds communs de placement en Chine. Dans le *Wall Street Journal*, George Soros a qualifié l'initiative de BlackRock en Chine d'"'erreur tragique" qui "nuirait aux intérêts de sécurité nationale des États-Unis et d'autres démocraties".

En octobre 2021, le groupe à but non lucratif Consumers' Research a lancé une campagne publicitaire critiquant les relations de BlackRock avec le gouvernement chinois.

En décembre 2021, il a été signalé que BlackRock était un investisseur dans deux entreprises qui avaient été inscrites sur la liste noire du gouvernement américain pour des violations des droits de l'homme commises à l'encontre des Ouïghours du Xinjiang. Dans un cas (Hikvision),

BlackRock a augmenté son niveau d'investissement après l'inscription de l'entreprise sur la liste noire.

Investissements en Inde

La société dispose d'un fonds dédié à l'Inde, par le biais duquel elle investit dans des start-ups indiennes telles que Byju's, Paytm et Pine Labs. À la fin de l'année 2021, elle a réduit ses investissements en Inde et les a augmentés en Chine.

Perception publique de Blackrock

Dans sa lettre annuelle de 2018 aux actionnaires, le PDG de BlackRock, Larry Fink, a écrit que les autres PDG devraient être conscients de leur impact sur la société. Les organisations anti-guerre se sont opposées à la déclaration de Fink, étant donné que BlackRock est le plus grand investisseur dans les fabricants d'armes par l'intermédiaire de son ETF iShares U.S. Aerospace and Defense. En mai 2018, des organisations anti-guerre ont organisé une manifestation devant l'assemblée annuelle des actionnaires de BlackRock à Manhattan, New York.

L'entreprise a également été critiquée pour son inaction face au changement climatique et pour la déforestation en Amazonie. Selon *The New Republic*, BlackRock "s'est positionnée comme le bon élève de Wall Street, et ses dirigeants comme une équipe de gestionnaires de fonds aux manières douces qui comprennent les risques de la crise climatique et l'importance de la diversité. Mais ces engagements, selon les critiques, ne s'étendent que jusqu'aux opérations quotidiennes de l'entreprise".

En raison de sa puissance et de la taille et de l'étendue de ses actifs financiers et de ses activités, BlackRock a été qualifiée de plus grande banque parallèle du monde. En 2020, les représentants américains Katie Porter et Jesús "Chuy" García ont proposé un projet de loi visant à restreindre BlackRock et d'autres banques parallèles. Le 4 mars 2021, la sénatrice américaine Elizabeth Warren a suggéré que BlackRock soit considérée comme "trop grosse pour faire faillite" et qu'elle soit réglementée en conséquence.

BlackRock a fait l'objet d'un examen minutieux pour avoir prétendument profité de ses liens étroits avec la Réserve fédérale lors des efforts de réponse à la pandémie COVID-

30

19. En juin 2020, *The New Republic* a écrit que BlackRock "avait une très bonne pandémie" et se présentait "comme socialement responsable tout en contribuant à la catastrophe climatique, en échappant à la surveillance réglementaire et en cherchant à influencer l'administration [potentielle] de Biden". Le *Financial Times* a décrit BlackRock comme ayant obtenu un rôle consultatif de premier plan dans le programme d'achat d'actifs post-COVID de la Fed, suscitant des inquiétudes quant à savoir si BlackRock utiliserait son influence pour encourager la Fed à acheter des produits BlackRock ; au cours du programme d'assouplissement quantitatif 2020 de la Fed, l'ETF d'obligations d'entreprises de BlackRock a reçu 4,3 milliards de dollars de nouveaux investissements, contre 33 millions et 15 millions de dollars respectivement pour les concurrents de BlackRock, le groupe Vanguard et State Street.

Personnes clés

En 2021, Blackrock avait un conseil d'administration composé de dix-huit personnes. Il s'agit de :

31

- Larry Fink - fondateur, président et directeur général
- Bader M. Alsaad
- Pamela Daley
- Jessica P. Einhorn
- Beth Ford
- William E. Ford
- Fabrizio Freda
- Murry S. Gerber
- Margaret "Peggy" L. Johnson
- Robert S. Kapito - fondateur et co-président
- Cheryl D. Mills
- Gordon M. Nixon
- Kristin Peck
- Charles H. Robbins
- Carlos Slim Domit
- Hans V. Vestberg
- Susan Wagner - fondatrice, membre du conseil d'administration
- Mark Wilson

Les personnes qui ont précédemment siégé au conseil d'administration de Blackrock sont les suivantes :

32

- Brian Deese - ancien responsable mondial de l'investissement durable
- Blake Grossman, ancien vice-président

Larry Fink

Laurence Douglas Fink (né le 2 novembre 1952) est un homme d'affaires milliardaire américain. Il est l'actuel président-directeur général de BlackRock, une société multinationale américaine de gestion d'investissements. BlackRock est la plus grande société de gestion d'actifs au monde, avec plus de 10 000 milliards de dollars d'actifs sous gestion, ce qui lui confère un pouvoir énorme sur le système financier mondial. En avril 2022, la valeur nette de M. Fink était estimée à 1 milliard de dollars américains selon le magazine Forbes. Il siège aux conseils d'administration du Council on Foreign Relations et du World Economic Forum.

Vie et éducation précoces

M. Fink est né le 2 novembre 1952. Il grandit dans une famille juive de Van Nuys, en Californie, où sa mère Lila (1930-2012) est professeur d'anglais et son père Frederick (1925-2013) propriétaire d'un magasin de chaussures. Il a obtenu une licence en sciences politiques à l'UCLA en 1974. Fink est également membre de Kappa Beta Phi. Il a ensuite obtenu un MBA en immobilier à l'UCLA Anderson Graduate School of Management en 1976.

1970 à 2000

M. Fink a commencé sa carrière en 1976 chez First Boston, une banque d'investissement basée à New York, où il a été l'un des premiers négociants en titres adossés à des créances hypothécaires et où il a fini par diriger le département des obligations de la société. Chez First Boston, M. Fink a été membre du comité de direction, directeur général et codirecteur de la division des titres à revenu fixe imposables ; il a également créé le département des contrats à terme et des options et dirigé le groupe des produits hypothécaires et immobiliers.

Fink a ajouté "selon certaines estimations" 1 milliard de dollars au résultat net de First Boston. Il a réussi dans cette banque jusqu'en 1986, lorsque son département a perdu 100 millions de dollars à cause de ses prévisions erronées sur les taux d'intérêt. Cette expérience a influencé sa décision de créer une société qui investirait l'argent des clients tout en intégrant une gestion complète des risques.

En 1988, sous l'égide du Blackstone Group, M. Fink a cofondé BlackRock et en est devenu le directeur et le PDG. Lorsque BlackRock s'est séparée de Blackstone en 1994, M. Fink a conservé ses fonctions, qu'il a continué d'exercer après que BlackRock est devenue plus indépendante en 1998. Il a également été président du conseil d'administration, président du comité exécutif et du comité de direction, président du conseil d'entreprise et coprésident du comité des clients mondiaux. BlackRock est entrée en bourse en 1999.

2000s

En 2003, M. Fink a contribué à négocier la démission du PDG de la Bourse de New York, Richard Grasso, qui avait été largement critiqué pour sa rémunération de 190 millions de dollars. En 2006, M. Fink a dirigé la fusion avec Merrill Lynch Investment Managers, qui a permis de doubler le portefeuille de gestion d'actifs de BlackRock. La même année, l'achat par BlackRock de Stuyvesant Town-Peter Cooper Village, un complexe résidentiel de Manhattan, pour un montant de 5,4 milliards de dollars, est devenu la plus importante transaction immobilière résidentielle de l'histoire des États-Unis. Lorsque le projet s'est soldé par un défaut de paiement, les clients de BlackRock ont perdu leur argent, notamment le California Pension and Retirement System (système de pension et de retraite de Californie), qui a perdu environ 500 millions de dollars.

Le gouvernement américain a passé un contrat avec BlackRock pour l'aider à faire le ménage après l'effondrement financier de 2008. Les relations de longue date de M. Fink avec de hauts fonctionnaires ont suscité des interrogations sur d'éventuels conflits d'intérêts dans le cadre de marchés publics attribués sans appel d'offres. Le contrat de BlackRock a permis à M. Fink de cultiver des relations avec Tim Geithner, premier secrétaire au Trésor de M. Obama, et avec d'autres membres de l'équipe de relance économique de M. Obama. En 2016, M. Fink espérait faire lui-même partie du gouvernement fédéral en tant que secrétaire au Trésor d'Hillary Clinton. Dans le même temps, Blackrock a recruté de nombreux anciens membres de l'exécutif, dont Cheryl Mills, Christopher Meade, Katheryn Rosen, Michael Pyle, Coryann Stefansson, Gary Reeder et Ken Wilson. Ce mouvement a renforcé la porte tournante de BlackRock avec le gouvernement fédéral.

En décembre 2009, BlackRock a racheté Barclays Global Investors, devenant ainsi la plus grande société de gestion financière au monde. Malgré sa grande influence, M. Fink n'est pas très connu du grand public, hormis ses apparitions régulières sur CNBC. BlackRock lui a versé 23,6 millions de dollars en 2010 et 36 millions de dollars en 2021. En 2016, BlackRock gérait 5 000 milliards de dollars et employait 12 000 personnes dans 27 pays.

En 2016, M. Fink a reçu le prix ABANA Achievement Award à New York. Ce prix récompense une personne qui fait preuve d'un leadership exceptionnel dans le domaine de la banque et de la finance et qui s'engage en faveur d'une coopération professionnelle positive entre les États-Unis, le Moyen-Orient et l'Afrique du Nord.

En 2018, M. Fink a été classé 28e sur la liste *Forbes* des personnes les plus puissantes du monde.

Pendant la pandémie de coronavirus de 2020, la Fed s'est tournée vers BlackRock pour l'aider à acheter des titres en difficulté, comme en 2008.

Participation de la communauté

M. Fink siège au conseil d'administration de l'université de New York, où il occupe plusieurs postes de président, dont celui de président de la commission des affaires financières. Il copréside également le conseil d'administration du NYU Langone Medical Center et est membre du conseil d'administration du Boys and Girls Club de New York. M. Fink siège également au conseil d'administration de la Robin Hood Foundation. En 2009, M. Fink a fondé le Lori and Laurence Fink Center for Finance & Investments à UCLA Anderson, dont il préside actuellement le conseil d'administration.

En décembre 2016, M. Fink a rejoint un forum d'affaires réuni par Donald Trump, alors président élu, afin de fournir des conseils stratégiques et politiques sur les questions économiques.

Dans sa lettre ouverte annuelle de 2018 aux PDG, il a appelé les entreprises à jouer un rôle actif dans l'amélioration de l'environnement, à œuvrer à l'amélioration de leurs communautés et à accroître la diversité de leur main-d'œuvre. Cela a été interprété comme une preuve de la volonté de BlackRock, l'un des plus grands investisseurs publics, d'appliquer ces objectifs de manière proactive.

39

Dans sa lettre ouverte de 2019, M. Fink a déclaré que les entreprises et leurs PDG doivent prendre le relais pour s'attaquer aux problèmes sociaux et politiques lorsque les gouvernements ne le font pas.

Après le meurtre de Jamal Khashoggi en octobre 2018, M. Fink a annulé son projet de participer à une conférence sur l'investissement en Arabie saoudite.

Dans sa lettre ouverte annuelle de 2020, M. Fink a annoncé que la durabilité environnementale était l'objectif principal des futures décisions d'investissement de BlackRock. Dans cette lettre, il explique comment le climat deviendra un moteur économique, affectant tous les aspects de l'économie. Il a également révélé dans une autre lettre (adressée aux investisseurs) que BlackRock couperait les ponts avec les investissements antérieurs dans le charbon thermique et d'autres investissements présentant un risque environnemental important.

Larry Fink est également un donateur et un partisan de longue date de la New York City Police Foundation, un groupe qui apporte un soutien financier au département de la police de la ville de New York. L'organisation à but non lucratif Color of Change a demandé à Larry Fink de se désengager de la NYC Police Foundation à la suite du meurtre de George Floyd et des protestations qui ont suivi dans tout le pays.

Vie privée

M. Fink est marié à sa femme Lori, son amour de lycée, depuis 1974. Le couple a trois enfants. Joshua, leur fils aîné, était PDG d'Enso Capital, un fonds spéculatif aujourd'hui disparu dans lequel M. Fink avait une participation. Les Fink possèdent des maisons à Manhattan, North Salem, New York, et Vail, Colorado.

M. Fink est un partisan de longue date du parti démocrate.

Perception du public

Dans sa lettre annuelle de 2018 aux actionnaires, Fink a déclaré que les autres entreprises devraient être conscientes de leur impact sur la société ; cependant, les organisations anti-guerre ont été mécontentes de la déclaration de Fink parce que sa société, BlackRock, est le plus grand investisseur dans les fabricants d'armes par l'intermédiaire de son ETF U.S. Aerospace and Defense.

41

En septembre 2018, un militant de l'organisation américaine à but non lucratif Code Pink a confronté Fink sur scène lors du Yahoo Finance All Markets Summit.

Changement climatique

En décembre 2021, BlackRock s'est associé à un gestionnaire d'actifs saoudien pour payer 15,5 milliards de dollars afin d'acheter puis de louer des pipelines à Saudi Aramco.

Toutefois, M. Fink s'est largement exprimé sur les mesures à prendre par les entreprises pour lutter contre le changement climatique et, dans une lettre ouverte publiée en 2022, il a déclaré : "Chaque entreprise et chaque secteur seront transformés par la transition vers un monde à consommation nette zéro. La question est de savoir si vous allez prendre les devants ou si vous allez vous laisser guider".

En 2022, M. Fink a été désigné par *The Guardian* comme l'un des plus grands "méchants climatiques" des États-Unis, car BlackRock a tiré profit de la déforestation.

Honneurs

42

- 2007, Prix de l'assiette d'or de l'American Academy of Achievement (Académie américaine des réalisations)
- 2015, Prix de l'appel à la conscience
- 2015, Médaille d'or de la Société des Amériques
- 2016, Médaille UCLA
- 2019, Prix de l'innovation financière Charles Schwab

Robert S. Kapito

Robert Steven Kapito (né le 8 février 1957) est un homme d'affaires et un investisseur américain. Il est l'un des fondateurs et le président de la société de gestion d'investissements BlackRock, basée à New York.

Vie et éducation précoces

Kapito est d'origine juive. Il a obtenu un MBA à la Harvard Business School de Cambridge, Massachusetts (HBS) en 1983 après avoir obtenu une licence en économie à la Wharton School de l'Université de Pennsylvanie. M. Kapito a rencontré sa femme Ellen alors qu'elle était étudiante à l'école d'infirmières de l'université de Pennsylvanie.

La carrière de Kapito

Kapito a rejoint First Boston en 1979, après avoir obtenu son diplôme à Wharton, et a commencé à travailler dans le département des finances publiques. Il a été engagé par Larry Fink pour travailler à First Boston, où ils ont joué un rôle de pionnier sur le marché des titres adossés à des créances hypothécaires aux États-Unis.

Kapito a quitté First Boston pour obtenir son MBA et a réintégré la société en 1983 au sein du groupe des produits hypothécaires. En 1988, Kapito a quitté First Boston avec Fink et a fondé BlackRock sous l'égide de la société de capital-investissement Blackstone Group en tant qu'associés. Kapito a travaillé en étroite collaboration avec Fink chez BlackRock, où il s'est forgé une réputation de partisan agressif et loyal de Fink.

En 2022, il a mis en garde contre les pénuries de produits et a déclaré qu'une "génération très privilégiée qui n'a jamais eu à faire de sacrifices" subissait l'inflation pour la première fois.

M. Kapito est membre du conseil d'administration de la Wharton School de l'université de Pennsylvanie et membre de la faculté de formation des cadres de la Harvard Kennedy School. Il est également président du conseil d'administration du Hope & Heroes Children's Cancer Fund et président du conseil d'administration du Periwinkle Theatre for Youth, une organisation nationale d'éducation artistique à but non lucratif.

En 2012, il a reçu le prix Gustave L. Levy de la United Jewish Appeal Federation of New York pour ses dons.

M. Kapito devrait prendre la parole lors du sommet mondial des dirigeants financiers sur l'investissement, qui se tiendra en novembre 2022. Le Hong Kong Democracy Council affirme que sa présence, ainsi que celle d'autres dirigeants financiers, légitime le blanchiment par le gouvernement de Hong Kong de l'érosion des libertés dans la ville. Plusieurs membres du Congrès ont également averti que les dirigeants financiers américains ne devraient pas assister au sommet, déclarant que "leur présence ne sert qu'à légitimer le démantèlement rapide de l'autonomie de Hong Kong, de la liberté de la presse et de l'État de droit par les autorités de Hong Kong agissant de concert avec le Parti communiste chinois".

Susan Lynne Wagner

Susan Lynne Wagner (née en 1961) est une dirigeante
financière américaine. Wagner est l'un des cofondateurs
de BlackRock, une société multinationale américaine de
gestion d'investissements, où elle a occupé les fonctions
de vice-présidente et de directrice de l'exploitation.
BlackRock est la plus grande société de gestion d'actifs au
monde, avec 8,67 billions de dollars d'actifs sous gestion
en mai 2021.

En 2011, elle a figuré sur deux listes de femmes
puissantes : "Most Powerful Women in New York 2011" et
"50 Most Powerful Women in Business (2011)".

Vie et éducation précoces

Mme Wagner est née en 1961 à Chicago dans une famille
juive. En 1982, elle obtient une licence d'anglais et
d'économie avec mention au Wellesley College, puis un
MBA en finance à l'université de Chicago en 1984.

La carrière de Wagner

Après avoir obtenu son MBA, Mme Wagner a rejoint la banque d'investissement de Lehman Brothers à New York. Au cours de ses années chez Lehman, elle a travaillé sur les fusions et acquisitions, les produits à revenu fixe et les acquisitions stratégiques. En 1988, Wagner et Ralph Schlosstein ont quitté Lehman pour rejoindre Blackstone Financial Group. Plus tard, Blackstone Financial Group a changé de nom pour devenir BlackRock.

En tant que l'un des fondateurs de BlackRock, Mme Wagner a occupé les fonctions de vice-présidente et de directrice de l'exploitation. Elle a orchestré les fusions et acquisitions de BlackRock, dont Quellos, Merrill Lynch Investment Management et Barclays Global Investors. Avant de quitter BlackRock en 2012, Mme Wagner a développé la société en Asie, au Moyen-Orient et au Brésil. Depuis qu'elle a pris sa retraite, elle siège au conseil d'administration de BlackRock et est membre du conseil d'administration de la Hackley School.

En mai 2014, la promotion 2014 de Wellesley a demandé à M. Wagner de prononcer le discours de remise des diplômes.

49

En juillet 2014, Mme Wagner a été nommée au conseil d'administration d'Apple Inc. en remplacement de William Campbell, membre de longue date du conseil d'administration. Mme Wagner est la deuxième femme à siéger au conseil d'administration d'Apple, qui compte huit membres, et la seule à avoir une formation en finance. En 2014, elle a également été élue au conseil d'administration de Swiss Re.